西暦	文化		
1670	1674	関孝和『発微算法』	
	1682	井原西鶴『好色一代男』	
	1688	井原西鶴『日本永代蔵』	名誉
1700	1692	井原西鶴『世間胸算用』	
	1694	松尾芭蕉『奥の細道』	
	1701	尾形光琳、法橋となる	1707 大ブリテン王国成立
	1703	近松門左衛門『曾根崎心中』	
	1715	新井白石『西洋紀聞』	
	1729	石田梅岩、京都で心学を提唱	1752 フランクリン、避雷針を発明
	1735	青木昆陽『甘藷之記』	
	1740	青木昆陽、オランダ語を学ぶ	1775 アメリカ独立戦争（―1783）
	1757	賀茂真淵『冠辞考』	
	1771	杉田玄白・前野良沢、小塚原で解剖見学する	1789 フランス革命
	1774	杉田玄白『解体新書』	アメリカ＝ワシントン大統領
	1786	本居宣長『玉くしげ』	1791 モーツァルト『魔笛』
	1790	寛政異学の禁	
	1798	本居宣長『古事記伝』	1796 ジェンナー、種痘法の発見
1800	1802	十返舎一九『東海道中膝栗毛』	1804 ナポレオン、皇帝に即位
	1814	滝沢馬琴『南総里見八犬伝』	1815 ナポレオン、百日天下
	1815	杉田玄白『蘭学事始』	
	1819	塙保己一『群書類従』	1824 ベートーベン『交響曲第9番』
	1821	『大日本沿海輿地全図』完成	
	1824	葛飾北斎『冨嶽三十六景』	1830 フランス＝7月革命
1830			

目　　次

本居宣長　　　　　文・はやしたかし　　　　　　6
　　　　　　　　　　絵・木村正志

杉田玄白　　　　　文・はやしたかし　　　　　　20
　　　　　　　　　　絵・もりとう博

伊能忠敬　　　　　文・はやしたかし　　　　　　34
　　　　　　　　　　絵・もりとう博

関孝和　　　　　　　文 はやしたかし　　絵 足立一夫　……48
井原西鶴　　　　　　文 はやしたかし　　絵 足立一夫　……50
徳川綱吉　　　　　　文 有吉忠行　　　　絵 福田トシオ　…52
尾形光琳　　　　　　文 はやしたかし　　絵 足立一夫　……54
大石良雄　　　　　　文 はやしたかし　　絵 足立一夫　……56
紀伊国屋文左衛門　　文 はやしたかし　　絵 足立一夫　……58
大岡忠相　　　　　　文 岩間ゆたか　　　絵 高山　洋　……60

読書の手びき　　　　文 子ども文化研究所　……………62

せかい伝記図書館 27

本居宣長
杉田玄白
伊能忠敬

いずみ書房

本居宣長
もとおりのりなが

（1730—1801）

古代の日本人の心を求め、30数年もの歳月をかけて『古事記伝』を書いた国学の大成者。

●心あたたかい松坂の一夜

「こちらに、賀茂真淵という先生がお泊まりでしょうか」

1763年5月のある夜、伊勢国（三重県）松坂の新上屋という宿屋に、ひとりの男があらわれ、国学者として名高い賀茂真淵に、面会を求めました。男は、この町の医者、本居宣長です。

宣長は、こころよく部屋へ通されましたが、初めて会う真淵に、すっかりかたくなっていました。

「わたしは、先生のお書きになった『冠辞考』を読ませていただいて、たいへん感動いたしました。そこで、ぜひ先生の弟子にしていただきたくて、おねがいにあがりました。わたしも、国学を学びたいのです」

宣長は、心をおちつかせて口をひらきました。しんけんな顔です。真淵を見つめる目は、かがやいています。

やがて、真淵が、問い返しました。
「あなたは、なぜ国学を学びたいのですか」
宣長は、身をのりだして、自分の考えを語りました。
「わたしは、日本に仏教や儒教が入ってくる前の、日本人のありのままの心や生活を知りたいのです。そのためには、古い伝説や歌が書かれている『古事記』を研究するのが、いちばんよいと思うのですが……」
真淵は、話しおわった宣長を、しばらく見つめていましたが、まもなく、大きくうなずいて答えました。
「そのとおりです。これまで『万葉集』を研究してきて、わたしも、このつぎは『古事記』の研究にとりかかりた

いと思っていたところです。しかし、わたしは、もうこんな年になってしまいました。『古事記』の研究は、あなたに、おまかせしましょう。がんばってください」

　静かに語る真淵の声を耳にしながら、宣長の心は、うれしさにおどりました。そして、さらに研究の進め方をさとしてくれる真淵の言葉を、1つ1つ、心にきざみつけていきました。

「学問とは、たいへんきびしいものです。あせってはいけません。いちどに高いものを求めてもいけません。1歩1歩、順序をふんで進むことがたいせつです。でも、人の教えにしばられすぎてはだめですよ。自分の考えを発表するのを、ためらわないように……」

　やさしく語りかける真淵は66歳、じっと聞き入る宣長は33歳。こうして、その年の暮れに正式に真淵の弟子となった宣長は、かならずやりとおすことを心にちかって『古事記』の研究を始めました。わからないことを江戸の真淵へ手紙でたずねると、真淵からは、いつでも、ていねいな返事がとどきました。

　宣長と真淵は、そのご、二度と会うことはありませんでした。しかし、師と弟子のきずなは、どんな師弟よりも強く、このたった1度の出会いは「松坂の一夜」として、いまも、語りつがれています。

●商人から学問の道へ

　本居宣長は、松坂の木綿問屋に生まれ、宣長が11歳のときに父が亡くなってからは、母の手で育てられました。
　少年時代の宣長は、たいへんものおぼえがよく、商人になるために必要な「読み書きそろばん」などは、すぐに身につけてしまったということです。また、仏教への信仰心の深い母のえいきょうをうけて、14歳のときには『元祖円光大師法然伝記』を書き写しています。
　19歳のころ、紙商人の今井田家の養子となりました。ところが、わずか1年で、離縁されてしまいました。し

だいに文学や歴史に心をひかれるようになっていた宣長は、紙の商売よりも和歌をつくることに夢中になりすぎて、今井田家を追われてしまったのです。

宣長は、母のもとへもどりました。ところがまもなく、家業をついでいた義兄が亡くなり、宣長が、木綿問屋をまかされることになってしまいました。自分が商人にはむかないことをさとっていた宣長は、母には悪いとは思いながら、暗い気持ちをおさえきれませんでした。

そんなある日、母からやさしい言葉をかけられました。
「宣長、おまえは商売よりも学問のほうがすきなんだねえ。医者の道へ進んでみたらどうだい」

宣長の心に明るい灯がともったのはとうぜんです。
「医者だって、学問の道にはかわりはない」

23歳の春、母に見送られて京都へでた宣長は、医学を堀元厚と武川幸順に、儒学を堀景山に学びました。また儒学のほか国学にもくわしかった景山をとおして、国学者契沖を知り、契沖の著わした『百人一首改観抄』などを読んで、国学への興味も深めていきました。

● 医者をしながら国学の研究

京都へでてから5年ごに、宣長は、松坂へ帰りました。医学を学ぶかたわら、奈良時代や平安時代の文学などを

研究してきた宣長は、故郷へもどって医院を開き、昼は病人のしんさつ、夜は国学の勉強をつづけることを決心したのです。医院を開業したのは27歳の年の秋でした。
「学びたい人には、だれにでも国学を教えよう」
　宣長は、集まってきた門人たちへ『万葉集』『古今和歌集』『源氏物語』などを、説ききかせることも始めました。なん度もくり返して人に教えることは、自分の勉強にもなったからです。患者の手当て、門人への講義、国学の研究の3つが、毎日の仕事になりました。
「松坂の一夜」がおとずれたのは、こうして故郷での生活を始めてから、6年ごのことでした。同じ年には、京

都に学んだときからの和歌の研究をまとめた『紫文要領』『石上私淑言』という本ができあがりました。また、前の年に結婚した民とのあいだに長男が生まれ、この1763年は、宣長にとっては忘れられない年になりました。

「賀茂先生と約束した『古事記』の研究を、どんなことをしても、やりとげなければならない」

「松坂の一夜」が明けて、このように自分にいいきかせたのは、和歌の本を出版した宣長が、いよいよ国学者への道をしっかりと歩み始めた年だったのです。

『古事記』は、7世紀初めの推古天皇までの日本のすがたを、天皇の流れを中心にまとめた歴史書です。宣長は、自分の家の、2階の四畳半ほどの書斎にとじこもって、『古事記』をめくり始めました。研究につかれたときは、小さな鈴をふって、心を安めたといわれています。

研究を始めて6年ほどしたころ、生涯の師とあおいだ真淵が亡くなり、たったひとりで『古事記』にとりくんでいかなければならなくなりました。

「けっして、あせってはならない。この研究は、わたしにとって一生のしごとなのだから……」

宣長は、くじけそうになると「松坂の一夜」の真淵の言葉を思いだして、自分をはげましつづけました。

昼は医者として、病人の家へも、でむかなければなり

ません。そのときは、かごのなかでも本を開きました。
　45歳ころからは、『古事記』の研究を進め、門人への講義をつづけるかたわら、『万葉集』『源氏物語』などの解説書や、古代の日本人の心やおこないを説いた本を、つぎつぎに、数おおく著わしていきました。

●研究のかたわら藩にもつかえ

　53歳のとき、2階の書斎を少し広くつくりかえて「鈴屋」と名づけました。
　宣長は、このとき、1階から書斎へのぼる階段を、2階から取りはずせるようにしました。研究にうちこんで

いるときは、だれにも、じゃまをされたくなかったからです。松坂の町の人びとは、宣長をうやまって「鈴屋の翁」とよぶようになったと伝えられています。

「鈴屋」を建ててから４年ごに、伊勢藩主をかねていた紀伊国（和歌山県）藩主の徳川家から、世の中の正しいおさめ方について、意見を求められました。学者としての宣長の名は、藩主の耳にとどくほど広まっていたのです。

このとき宣長は『秘本玉くしげ』を書き、以前に書きしるしていた『玉くしげ』といっしょに、徳川家に献上しました。くしげとは、もともとは女性のけしょう道具を入れる箱のことですが、宣長は「たいせつなもの」という意味につかったのでしょう。『秘本玉くしげ』のなかで、こんなことをいっています。

「自然から生まれるものをたいせつにして、農業を中心にした世の中にしなければいけないでしょう。各地に農民たちの反乱が起きているようですが、それは農民たちが悪いのではありません。役人たちに、農民への思いやりの気持ちがないから起こるのです。力で、農民たちをおさえるのを、あらためなければいけません」

1792年には、加賀国（石川県）の藩主前田家から、国学の先生としてまねかれました。しかし、この話はことわりました。故郷の人びとにしたわれる宣長は、医者

宣長の住居

としてみんなの役にたちながら、いつまでも松坂で、学問をつづけたいと思ったからです。

　ところが、やがて、まえに『玉くしげ』を献上した紀伊の徳川家につかえるようになりました。徳川家は、宣長が藩につかえても、松坂で医者と学問をつづけることをゆるしてくれたのです。そののち宣長は、学問を広めるために各地をめぐることもおおくなり、旅を終えては『菅笠日記』などの紀行文も著わしていきました。

●日本には日本の道がある

　1798年、ついに、長いあいだの研究をなしとげました。

原文のままではむずかしくて読みにくい『古事記』の内容、文章、言葉などを、やさしく解説した、全部で44巻にもおよぶ『古事記伝』の完成です。
「賀茂先生にお会いしたときは、わたしもまだ若かったが、もうすぐ70歳になってしまう。賀茂先生との約束を果たすことができて、ほんとうによかった」
　やさしかった母に「おまえは、商売よりも学問のほうがすきだねえ」と語りかけられてから、50年近い歳月が流れています。『古事記』の研究を始めてからでも、30年をこえる月日がすぎています。宣長は、学問の道に進ませてくれた母と、研究をはげましてくれた真淵に感謝しながら、ほっと、胸をなでおろしました。
　『古事記伝』をまとめあげて2年ご、宣長は、遺言を書きました。『古事記伝』の完成という大きなしごとをなしとげて、もう、いつ死んでも心残りはないと、思ったのかもしれません。
「わたしの墓は、松坂の山室山のいただきにつくって、墓地のまん中に桜の木を1本植えてください。また、死んでからの名前は、秋津彦美津桜根大人としてください」
　宣長は、死んでからのちもこの地にとどまりたいほど、故郷の松坂を愛したのです。
　遺言をしたためてからの宣長は、国学をさらに広める

旅をつづけました。京都では、公家たちに日本の歴史と日本人の心を説きました。しかし、年老いてからの長旅で、これまで研究にうちこんできたときの疲れが、急にでてきたのでしょう。1801年6月に松坂へもどると、9月に病の床につき、そのわずか10日ごに、71歳の生涯を閉じてしまいました。国学の研究にささげた一生でした。

　宣長は、国学の研究を進めれば進めるほど、古くから伝わる、日本人の精神や日本の文化のすばらしさに、強く心をひかれていきました。しかし、あまりにも深く国学の世界に入りすぎたためか、研究するというよりは、国学を信仰するようになってしまったようです。

もともと『古事記』は、日本でもっとも古い貴重な歴史書ではあっても、書かれていることは、神話などのようにつくられたものが少なくありません。

　ところが『古事記』の内容が、すべてほんとうのことに思えてきた宣長は、日本は神の国であり、神に守られている日本こそ、世界のどの国よりもすぐれていると考えました。また、日本人は神の教えにしたがうのが、人の道としてあたりまえだと、説きました。宣長は、日本の古い時代のできごとよりも、『古事記』にえがかれている神をうやまう日本人の心に、強くすいよせられてしまったのです。

　宣長の残した、古代日本をさぐる研究と、古代日本人の心をたたえる考え方は、およそ500人を数えたといわれる弟子たちによって受けつがれていきました。そしてのちに、宣長によって高くきずかれたこの国学の道は、天皇をとうとび、江戸幕府をたおそうとする尊皇討幕の精神を、武士たちのあいだにうえつけていくきっかけとなりました。

　とくに、宣長の死ご、門人となった国学者平田篤胤らによって、天皇を中心とした考えが強くとなえられるようになり、それは、幕末の志士たちに大きなえいきょうを与えました。宣長の思想が、そのごの日本の流れをき

めるようになったといっても、いいすぎではありません。宣長の死ごおよそ70年で、明治という新しい時代を生むことにつながっていったのですから……。

　　敷島のやまと心を人間はば
　　　　朝日ににほふ山桜花

　日本人の心は、朝日をうけてかがやく桜のようだ、とうたっているこの歌は、和歌にもすぐれていた宣長がよんだものです。宣長は、日本人の、やさしく美しい「やまと心」を愛しつづけたのではないでしょうか。
　宣長が学問にはげんだ「鈴屋」は松坂に残り、鈴を鳴らしながらの研究のすがたが、いまもしのばれています。

杉田玄白

（1733—1817）

西洋医学書を翻訳して『解体新書』を完成させ，近代医学の道をひらいた江戸時代の医者。

● 初めて見た人間の体のなか

「人間の体のなかは、ほんとうに、このようになっているのだろうか」

杉田玄白は、オランダ語で書かれた1冊の本を見ながら、考えこんでいました。その本は、ドイツ人の学者クルムスの書いた人体解剖書を、オランダ語に訳した『ターヘル・アナトミア』と題する医学書です。

「医者が人間の体のなかのことを知らないで、どうして正しい治療ができるだろうか。なんとかして、体のなかを見たいものだが……」

玄白は、大きなため息をつきました。すると、ちょうどそこへ、町奉行所の役人から「明日の朝、骨ヶ原（小塚原）で罪人の死体の解剖をおこなう。もし見たければきてもよい」としるした手紙がとどきました。

　1771年、春の夜のことです。
「これはねがってもない、よい知らせだ。これで体のなかを見ることができる。そうだ、前野良沢さんや中川淳庵さんにも知らせてあげることにしよう」
　玄白は、胸をわくわくさせながら手紙をしたためて、使いのものに走らせました。前野良沢は、オランダ語を学んだことのある、豊前国（大分県）中津藩の医者です。中川淳庵は、玄白と同じ若狭国（福井県）小浜藩の医者です。ともに、国をはなれて江戸に住んでいました。
　つぎの日の朝、玄白が、手紙に書いた待ち合わせの場所へ行くと、もう、良沢も淳庵もそろっていました。し

かも良沢は、玄白が持ってきたものと同じ『ターヘル・アナトミア』を、手にしているではありませんか。
「これは、おどろきました。前野さんも、この本にえがかれている図と、じっさいにこの目で見た人間の体のなかのようすを、くらべてみようと思われたのですね。」
玄白のはずんだ声に、良沢は大きくうなずきました。
やがて骨ヶ原につき、みんなが胸をときめかせながらいまかいまかと待つうちに、ついに解剖が始まりました。
玄白たちは、まばたきもしないで見つめました。
「なんということだ。本のなかの図と、どこもここもそっくりではないか！」
玄白は、初めて見た人間の体のなかが、オランダ語の本にえがかれている解剖図とあまりにそっくりなことに、すっかり、おどろいてしまいました。
「西洋の医学の、なんと進んでいることか。これに追いつくには、まずこの本の日本語訳をつくらなければ……」
玄白は『ターヘル・アナトミア』をにぎりしめて、かたく決心しました。

● 父のあとをついで医学の道へ

杉田玄白は、1733年、若狭国小浜藩の、江戸の屋敷で生まれました。杉田家は、古くから小浜藩の医者をつ

とめる家がらで、玄白の父の甫仙も、藩医として藩主のそばにつかえる身分でした。母は、玄白の難産がもとで、早く亡くなってしまいました。難産だったせいか、母がいなかったせいか、幼いころの玄白は体が弱く、病気にかかりやすい子どもでした。

　しかし、8歳をすぎて父といっしょに小浜で生活するようになってからは、海であそび、野山をかけまわって、たくましく育っていきました。

　やがて、父が、ふたたび藩から江戸づとめを命じられると、玄白も、小浜に別れをつげました。そして、17歳になったある日、玄白は、自分も医学の道へ進みたい

気持ちを、父に伝えました。父のしごとを見て育つうちに、医学をすばらしいと思うようになったのです。
「そうか、医者になりたいか。おまえが、そういってくれるのを、わたしは、待っていたんだよ」
玄白のこころざしを知った父は、目になみだをうかべてよろこびました。
玄白は、有名な外科医の西玄哲のもとへ入門することになりました。玄哲は、オランダ医術を身につけた医者です。玄白は、西洋医学のすぐれているところを学びながら、医学の道を1歩1歩進んでいきました。
玄哲のもとで学び始めてから4年、21歳になった玄白は、父と同じように、小浜藩との藩医となりました。しかし、まもなく、父とも、小浜藩ともはなれました。そのころ、山脇東洋という京都の医者が人体の解剖をしたという話を聞いた玄白は、医者として自分の道を切りひらいていくために、町医者になることを決心したのです。
ところが、いざ町医者を開業してみると、20歳をすぎたばかりの若いオランダ流医者のところへなど、患者はあまりきてはくれません。玄白は考えこみました。
「そうだ、オランダ流の医学と、漢方の医学のよいところをあわせて、新しい医学を研究しよう」
漢方は、中国からわたってきて日本に広まった医術で

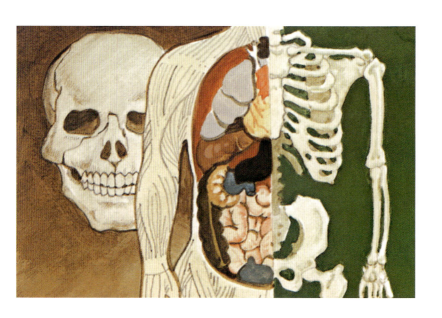

す。玄白は、漢方の医学書を読み始めました。すると、ふしぎなことに気がつきました。書かれている体のなかのようすが、本によってちがうのです。
「人間の体のなかのようすなど、ほんとうは、だれも知らないのではないだろうか」
　医学書を読めば読むほど玄白の疑問はふくらみ、自分が学んできたオランダ流の医学さえも、あやふやなものに思えるようになってきました。

●新しい医学を求めて

　1766年のある日、玄白が、新しい医学、正しい医学

について考えつづけているとき、良沢がたずねてきていいました。
「これから、長崎から江戸へきているオランダ人のところへ行くのだが、杉田さんもいっしょに行きませんか」
　玄白は、この良沢のさそいに、とびつきました。それまで玄哲から西洋医学を学んだだけだった玄白は、オランダ人に会えば、もっとなにかがわかるかもしれないと、思ったからです。
　こうして、オランダ人が泊まっている長崎屋をおとずれるようになった玄白は、どんなことがあっても、ほんとうの西洋医学を自分のものにしたいと、考えるようになっていきました。
　長崎屋をたずねるようになって、まもなくのことです。
「杉田さん、この本はいかがですか」
　オランダ人の通訳として長崎から江戸へきていた吉雄耕牛が、１冊のオランダ語の本を見せてくれました。手術の場面などのさし絵がのっています。オランダ語が読めない玄白には、書いてあることは理解できませんが、絵のすばらしさはわかります。
「これです。これこそ、わたしの知りたかったものです」
　玄白は、その本を耕牛から借りると、さし絵を、いっしょうけんめいに写しとりました。筆をうごかしながら、

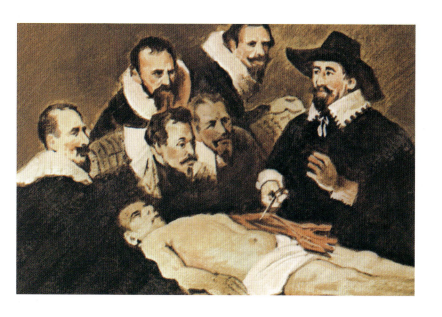

　玄白の心は、これから学ばねばならないことを見つけたよろこびに、あふれていました。
　ところが、このとき悲しいことがおこりました。母の分までも愛情をそそいで、自分を医学の道へみちびいてくれた父が、亡くなったのです。玄白は、父の職をうけついで、藩の位の高い人を診察する役に出世しましたが、あまりの深い悲しみに、なにも考えることができませんでした。でも、しばらくすると悲しみをふりすてました。
「わたしが医学をこころざしたとき、父は、たいへんよろこんでくれた。いま悲しんでばかりいては、墓の中の父まで悲しむにちがいない。この手で西洋医学をしっか

り学びとって、父をよろこばせてあげよう」

玄白は、胸をはって、立ちあがりました。

玄白が、亡き父に、西洋医学を深く学んでいくことをちかって、まもなくのことです。たずねてきた淳庵が、玄白の前にオランダ語の医学書をだしました。耕牛から借りたものよりも、もっとすばらしい本です。

「なんとみごとな解剖図だろう。これこそ、人間の体のなかを、そのまま写しとったものにちがいあるまい。ぜひ、この本をそばにおいて学びたいものだが……」

玄白は、その本を前にして、ため息をつくばかりでした。あまりにもねだんが高くて、手に入れることなど、とても、できそうになかったからです。でも、あきらめきれません。玄白は思いあまって、藩の家老に「いつかきっと、藩のため日本のために役だたせてみせます。あの本を買い求めてください」と、ねがいでました。

玄白は、こうして『ターヘル・アナトミア』を手にして、骨ヶ原へ解剖を見に行くことになったのです。

● 3年つづいた翻訳の苦心

「わたしたちは、人間の体のなかがどうなっているかも知らないで、医者をつとめてきたわけですね」

骨ヶ原の帰り道、玄白がいいました。

「そのとおりです」「医者としてはずかしいことです」
　淳庵と良沢は、ほんとうにはずかしそうに答えました。
　しかし、みんな、うちひしがれてしまったのではありません。うちひしがれるどころか、人間のからだのなかのことを、なんとかして深く知りたいという気持ちが、大きくふくらんでいました。
「みなさん、力をあわせて、この本を日本語に訳してみようではありませんか」
　玄白が、叫ぶようにこういったのは、そのときです。
　淳庵も良沢も、こんどは顔をあげて、目をかがやかせました。そして、さっそくつぎの日から、良沢の家で『ター

ヘル・アナトミア』の翻訳が始まりました。

　ところが、翻訳にとりかかってみると、まったく進みません。『ターヘル・アナトミア』をかこんで、みんなのひたいをくっつけあうようにして考えても、意味がわからないのです。良沢がオランダ語を知っているとはいっても、わずかな単語がわかるだけです。もちろん、オランダ語の辞書など、1冊もありません。

　すっかり困った玄白たちは、体の部分の名称を訳すことから始めました。図にえがかれている部分の名称なら、図と説明の文章をあわせて考えれば、わかるだろうと思ったからです。

　「もしかすると、この文章は、まゆは目の上にある毛である、と書いてあるのかもしれないぞ」

　なんともたよりない翻訳が始まりました。こんな調子ですから、1行の文も訳せない日が、何日つづいたかわかりません。1日にやっと10行ほど訳せるようになったときは、骨ヶ原の解剖の日から、1年がすぎていました。

　玄白は、みんなで訳した文章を、少しずつ少しずつ、日本語にまとめていきました。でも、はっきりしないことばかりです。玄白は、オランダ人や通訳に会えれば、わからないところをたずね、死体の解剖があるときは、かならずとんで行きました。

●実をむすんだ『解体新書』

　何人もの力をあわせながら、苦労に苦労をかさねて進めてきた翻訳は、3年以上の歳月ののちに、やっと完成に近づきました。『ターヘル・アナトミア』を『解体新書』と名づけて出版することになったのです。

　でも、玄白は、このときひとつの不安におそわれました。もし『解体新書』をいきなり出版すれば、体のなかを見たこともない人びとのおどろきがあまりにも大きすぎて、世の中をさわがせ、幕府に、出版をとりおさえられてしまうかもしれないと、思えたからです。

そこで玄白は、考えたすえに『解体新書』を世にだすまえに、予告編として、かんたんな『解体約図』を出版しました。そして、それをおおくの医者に送るいっぽう、やがてできあがった『解体新書』を、まず、将軍に献上し、幕府の有力者たちにも贈りとどけました。

玄白の心配は、むだではありませんでした。『解体新書』の出版は、なんのさわぎも起こさないばかりか、予告編をだしたことも手つだって大評判になり、玄白、淳庵、良沢らの苦労は、みごとに実をむすびました。

ところで『解体新書』のなかには、良沢の名前が見あたりません。それは「わたしは名声を高めるために学問をするのでないから、翻訳者にわたしの名はあげないでほしい」と、良沢がいったためといわれています。この気持ちは、玄白だって同じだったのではないでしょうか。

●人間の心を知るほんとうの医者

玄白は、年老いてから、希望にもえて『ターヘル・アナトミア』を翻訳したときの苦心や、蘭学がさかんになっていくころに活躍した人びとのことを、書きつづりました。明治に入って、福沢諭吉の手で出版された『蘭学事始』は、このとき玄白が書きつづったものを、まとめたものです。

　西洋医学に生きた玄白は、日本の医学の発達に大きな功績を残して、84歳で亡くなりました。しかし、医学の研究だけで終わったのではありません。晩年になってからも、医者として、どんなに貧しい患者の家へも往診に行ったと伝えられています。あるとき弟子のひとりが、貧しい家への往診を、みっともないのでやめるようにいうと、玄白は「貧しい人の治療は少しもはずかしいことではない。医者としてほんとうにはずかしいことは、治療をまちがえたときだよ」と、さとしたということです。
　玄白は、ほんとうの人間の体と、ほんとうの人間の心を知っている、ほんとうの医者でした。

伊能忠敬
(い のうただたか)

(1745—1818)

50歳から学問を始め、日本各地を歩いて、日本地図の完成をめざした江戸時代の地理学者。

● 50歳になって31歳の先生に学ぶ

「それでは、家のことや仕事のこと、あとはすっかりおまえにまかせますから、しっかりと頼みますよ」

「はい。いっしょうけんめいがんばります」

1794年、下総国佐原村（千葉県佐原市）の造り酒屋の伊能家では、父の忠敬が長男の景敬に家をつがせる話をしていました。

「どうぞこれからは、ゆっくりと休んでください」

景敬のねぎらいの言葉に忠敬は首を振っていいました。

「いや、わたしは江戸（東京都）へ出て、学問の道へ進もうと思っているのだ」

景敬はおどろいて父の顔を見なおしました。父の忠敬は、もうすぐ50歳になろうとしていたのですから、景敬がおどろくのも無理はありません。

「そんなにおどろくことはない。わたしは子どものころから、いつか好きな学問の道へ進みたいと思っていた」

よく年の5月、江戸へ出た忠敬は、すぐに幕府の天文方の暦局に、有名な暦学者の高橋至時をたずねました。

「先生、ぜひわたしを弟子にしてください」

真剣に頼む忠敬を見て、至時は困ってしまいました。31歳の至時にとっては、父親のような年齢の人を弟子にすることになるからです。

「学問の道には、年齢などは関係ありません。よろしくお願いいたします」

忠敬の言葉に、至時はしかたなくうなずきました。

忠敬はこうして、子どものころからの望みであった、学問の道へ入っていきました。

●あだ名は推歩先生

伊能忠敬は、上総国小関村（千葉県九十九里町）に生まれ、幼いころの名前は喜三郎といいました。喜三郎は、算数のすきな、そろばんのじょうずな子どもでした。やがて、18歳になったとき、佐原村の名主をつとめる大きな造り酒屋の伊能家に、養子としてむかえられました。ところが、そのころの伊能家は、商売がうまくいかなくなっていたのです。

「よし、好きな学問は隠居してからやることにして、それまでは、商売のことだけを考えよう」

伊能家の養子になった喜三郎は、忠敬を名のり、およそ30年もの長いあいだ、いっしょうけんめいにはたらきました。そして、伊能家の商売を立て直し、名主として村のためにつくしたのです。

至時の弟子となった忠敬を、ほかの弟子たちは笑っていいました。

「50歳にもなって、学問を始めようなんて無理な話さ。きっと、すぐにあきらめて故郷へ帰ってしまうに決まっている」

　ところが、忠敬はあきらめるどころか、学問をすればするほど、そのおもしろさにひかれていきました。天文学や暦学、測量学などを学ぶうちに、太陽や月の動き、地球の大きさなどに興味をもったのです。
「いつの日か、自分の手で地球の大きさを測ってみたい」
　忠敬の夢は、大きくふくらんでいきました。
　『暦象考成』『暦象考成後編』などを読んでは、みるみるうちに暦学をおさめていった忠敬は、至時に「推歩先生」というあだ名をつけられました。推歩とは天体の位置を計算するという意味です。とくに計算にすぐれていた忠敬に、とてもふさわしいあだ名でした。

●子午線１度の距離が知りたい

　忠敬は、自宅にも天体観測の機器をそろえ、昼も夜も太陽や月の観測を始めました。
　暦局で学んだあと、家へ急いで帰る忠敬を見て、至時のほかの弟子たちはいいました。
「伊能さんは今日も財布を忘れて帰ってしまったぞ。ほんとうにそそっかしい人だ」
　しかし、至時はいいました。
「いや、伊能さんはそそっかしいから財布を忘れるのではない。あの人の頭のなかには学問のことしかないのだ。君たちも少しは伊能さんを見習ったらどうだ」
　弟子にするのをしぶっていた至時も、忠敬の学問に対する燃えるような情熱に、すっかり感心していたのです。
　そのご、数年のうちに立派な暦学者となった忠敬は、自分のおさめた学問を、何か世の中のために役立ててみたいと考えていました。ちょうどそのころ、暦学者のあいだでは、子午線１度の距離を正確に求めることに関心が集まっていました。子午線１度の距離がわかれば、地球の大きさもはっきりとするからです。
「そうだ。わたしがこの難問を解決してみよう」
　忠敬の心に新たな情熱が、ふつふつとわいてきました。

　まい日まい日、自分の家で天体の観測をつづけ、家の位置が暦局のほぼ南にあたることを知った忠敬は、家と暦局のあいだの緯度の差も調べました。あとは、家から暦局までの正確な距離がわかれば、子午線１度の距離は求められます。しかし、将軍の住んでいる江戸のなかを自由に測量して歩くことなど、とうてい幕府が許してくれるわけはありません。

　忠敬は、家から暦局までの距離を、自分の歩数で測ることにしました。人に気づかれないようにしながら何度も数えて、できるだけ正確な距離を求めようとしました。

　ところが、ある日、至時に注意されました。

「伊能さん、もし、幕府に知れたらたいへんですよ」

 至時はさすがに先生です。忠敬がこっそり歩数を数えていることを、見のがさなかったのです。

「なんとかして、子午線1度の距離を……」

 忠敬は、至時に自分の思いをうちあけました。

「建物が建ち並んでいる町のなかで、測量をするのはむずかしいでしょう。それに、もっと長い距離でなくては、正しい距離は求められませんよ。わたしも、長い距離を測れるような方法を考えてみましょう」

 至時の言葉に、忠敬の心はおどりました。

● 蝦夷地の地図を作る

 そのころ、日本の北の海には、ロシアの船がたびたび現われて、千島の一部を荒しまわっていました。そして、蝦夷地（北海道）の根室にロシアの使節ラクスマンが来たり、近くの海にイギリス船がすがたを見せたりするようになると、幕府は、北の守りをかためるために、蝦夷地の正確な地図を求めるようになりました。

 至時は、よい機会がおとずれたと思いました。蝦夷地の地図を作るときに、子午線1度の距離を正確に測定することができるからです。

 蝦夷地測量の話を至時からきいた忠敬は、この仕事に

とびつきました。
「いよいよ、わたしの学問を役立てることができそうだ」
　よろこびいさんで測量のしたくにとりかかったものの、なかなか幕府から測量の許可がおりません。幕府は、忠敬の身分があまり高くないのをきらっているのかも知れません。至時とともに、何度も幕府と交渉をくり返したすえに、ようやく許可がおりました。
　1800年の初夏、すでに55歳になっていた忠敬は、数人の手伝いを連れて江戸を出発しました。奥州街道を北へ北へ、くる日もくる日も、8里（約31キロメートル）以上の距離を測量しながらの旅です。

磁針を使って方位を求めては歩き始めるという朝を、どれほどむかえたでしょう。象限儀とよばれる天体観測の機器を使って、星の高度や各地の緯度も測りました。
「もう少し先を急がなければ、蝦夷地の測量が終わらないうちに冬になってしまう。冬になれば測量もむずかしくなるだろう。さあ、もっと先を急ごう」
　忠敬たちは、江戸を出発してから１か月あまりで、蝦夷地の箱館（函館）に着きました。そして、そこから東南海岸沿いに進み、２か月半ほどで西別にまで進むことができました。さらに根室まで足をのばそうとしましたが、サケの漁期と重なったため、測量の手助けをしてくれる人手が足りなくなり、箱館へもどりました。
　来た順路を引き返し、江戸に帰りついたのは、江戸を出発してから半年ごのことです。
　昼は距離と方位を調べ、夜は緯度を求めるという、測量に次ぐ測量の旅は、たいへんな苦労の連続でしたが、ついにやりとげました。
　忠敬は、さっそく測量の結果をもとに、地図を作り始めました。忠敬の調べてきた資料は、至時をたいへんおどろかせました。
「伊能さん。わずか半年でよくここまでくわしく調べることができましたね」

　至時の称賛の言葉をうけた忠敬は、さらに精魂こめて地図作りにはげみ、２か月ほどで幕府におさめる地図を完成させました。

　そして、休むまもなく、子午線１度の距離を求める計算にとりかかりました。

「南北で27里（約106キロメートル）ではないだろうか」

　忠敬は、もっと正確な距離が求めたくなりました。そこで、ふたたび蝦夷地の測量を幕府に願い出ましたが、まったくとりあってももらえませんでした。幕府は、子午線１度の距離を知ることよりも、いまは日本の正確な地図がほしかったからです。

●子午線1度の距離がわかる

　忠敬は計画をかえて、東日本の海岸沿いの測量を許してもらうことにしました。蝦夷地まで行かなくても、陸奥国（青森県）まで行けば、子午線1度の正確な距離は求められると思ったのです。

　この計画を許された忠敬は、量程車を作り、まず伊豆半島の測量をおこないました。量程車というのは、車を動かすと取りつけてある歯車が回転して、車の進んだ距離がわかるというものです。しかし、平らな道でこそ正確に測れましたが、でこぼこ道ではほとんど役に立ちませんでした。やはり、歩数を数えたり、さおやなわを使って距離を測らなければなりません。

　伊豆半島の測量を終えた忠敬は、江戸にもどったのち、東日本の太平洋岸沿いを、北へ北へと歩みを進めました。そして、陸奥国の下北半島までの測量を成しとげました。

　より正確さを求めた測量は、前にもまして苦労のおおいものでしたが、忠敬の情熱は、そんな苦労もふき消してしまうほどでした。

　この測量の結果から、忠敬は子午線1度の距離を出す計算を何回もくり返しておこないました。そしてついに、正確な子午線1度の距離は、28里2分（約110.8キロ

メートル)という数字を得ました。
　忠敬は、さっそくこのことを至時に知らせました。しかし「計算の方法にまちがいはありませんか」と問い返されただけで、至時には、すぐにその数字を信じてはもらえませんでした。至時は、慎重な学者だったからです。

●日本全図を完成させたい

　よく年、今度は東北の日本海岸沿いの測量を終えて、江戸へもどってきた忠敬に、至時がいいました。
「伊能さん。あなたの計算した子午線１度の距離が、正しいことがわかりましたよ」

至時は、西洋でもっともすすんでいた天文学の本『ランデ暦書』に書かれている数字と、忠敬の出した数字が、ほとんど同じだということを教えてくれました。
　長いあいだの苦労が、いっぺんに吹きとんでいくような気持ちになりました。
　ところが、そのご悲しいことがおこりました。至時が病気をこじらせて、急に亡くなってしまったのです。先生を失った忠敬は、深く悲しみましたが、少しでも早く地図を作りあげることが、先生に恩を返すことになると考えました。でも、けっしてあわてるようなことはしませんでした。忠敬は、至時の学者としての慎重な心がけを、いつのまにか受けついでいたのでしょう。
　そして、至時の死ご7か月あまりで『東日本沿海全図』を完成させました。みごとな出来ばえの地図は、幕府の役人をおおいにおどろかせ、忠敬は天文方の役人に取り立てられることになりました。
「これからは、幕府の役人として測量ができる。もっと仕事がやりやすくなるだろう。さらに努力して、一日も早く日本全図を完成させよう」
　よく年、忠敬は西日本の測量に旅立ちました。幕府の御用船なども使う、大がかりな測量です。しかし、忠敬の持病のぜんそくが悪くなったり、瀬戸内海の海岸線が

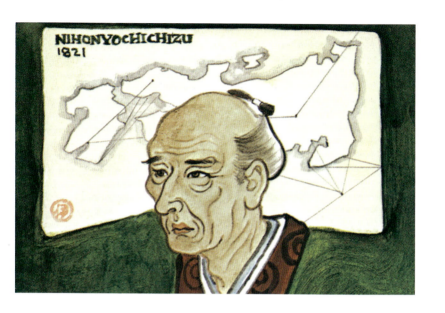

ふくざつなため、測量に手まどってしまいました。それでも、2年という長い期間をかけてやりとげました。
　そのごも忠敬は、体力のつづく限り日本各地を測量して歩き、日本全図完成へ一歩一歩進んでいきました。
　樺太探検で知られる間宮林蔵に測量術を教え、林蔵の蝦夷地西海岸の測量にも力をかした忠敬は、日本全図の完成を前に、73歳で、その歩きつづけた人生を終えました。50歳から学問の道へ入り、苦労を重ねた忠敬の情熱は、弟子たちに受けつがれ、忠敬が亡くなってから3年ごに、このころとしては世界でも類がないほど正確な地図『大日本沿海輿地全図』の完成という形で実りました。

関　孝和 (?―1708)

　江戸時代の初期、和算とよばれる数学の理論を、世界的なレベルまで発展させた関孝和は、1640年ごろに、幕府の旗本の子に生まれました。しかし、孝和の生いたちや、数学の基礎をいつ、どこで、どんな師について学んだのか、ほとんどわかっていません。関家が、孝和の次の代で断絶したため、何の資料も残っていないからです。ただ、6歳のころ、おとなたちがそろばんをしているのを見て、孝和がいったという話があります。
「あの人のやりかたは、ここがまちがってる。こっちの人のやりかたは、ひとけた目がちがっている」
「な、なんだって？」「なるほど、坊やのいうとおりだ！」
　この話が事実かどうかは別にして、孝和が幼い時から、計算にすぐれていたことはたしかなようです。吉田光由という人が書いた『塵劫記』という数学の本を読んで、目を開いたともいわれています。
　やがて孝和は、甲府の藩主の徳川綱重とその子綱豊に仕えました。そして、綱豊が5代将軍綱吉の養子になって江戸城に入ると、孝和もまた幕府の役人になりました。
　当時の日本の数学は、中国から伝わった天元術というやり方でした。算木という細長い板を使って計算をしていたのです。
「算木は場所をとって不便だ。なにかいい方法があるはずだ」
　孝和は、考えぬいた末、新しい方法をあみだしました。いろいろな記号をこしらえ、横やたての線を組みあわせて紙の上で計算する方法でした。この方法を深めて到達したのが行列式で、西洋の数学よりも70年も先立っていたといわれます。

　また孝和は、円周率を小数点以下10位まで正しく計算して、円周の長さ、円の面積を求める研究などもしました。その研究は、西洋の数学者のだれにも負けないものです。
　方程式の研究についても、孝和のレベルは高く、中国数学からヒントを得て、近似法という研究では、孝和と同時代に生きた大数学者ニュートンとほぼ同じレベルまで到達しました。
　孝和は、日本の数学を中国の数学からぬけださせ、和算の大きな発展への道をひらくとともに、荒木村英、建部賢弘らのすぐれた弟子を育てたことでも知られています。天文学や暦学にもすぐれた業績をのこし「算聖」とあがめられ、1708年、主君綱豊が6代将軍家宣となる前年に亡くなりました。
　しかし、日本人がなしとげたもっとも独創的な業績だった和算も、明治5年の学制改革により、学校教育では教えないことになり、その歴史は完全に絶えてしまいました。

井原西鶴（1642—1693）

　江戸時代も、5代将軍綱吉のころになると平和がつづき、武士の権威はしだいに落ちていき、いっぽうで大商人がぞくぞくあらわれ、町人の世界はいちだんと活気をおびてきました。西鶴は、そういう町人の生活や感情をいきいきととらえ、すぐれた作品を数おおく残した江戸時代の代表的な小説家です。

　西鶴は、大坂（大阪）の裕福な町人の子として生まれたようですが、おいたちについてはほとんどわかっていません。15歳のころから俳諧をつくりはじめ、21歳のときに専門の俳諧師になりました。このころの俳諧は、貞門派といって用語のこっけいさを基本としたものでした。西鶴が30歳のころ、新しい俳諧をつくろうという一派が現われました。この派は、談林派といい、自由でユーモアのある誰にも親しめる俳諧をめざしました。貞門派の俳諧に不満をいだいていた西鶴は、談林派の中心となって活躍をはじめました。

　さらに、俳諧は即興で作るべきだと考えた西鶴は、1677年1昼夜に1600句を制作してみせました。これは矢数俳諧とよばれるもので、2度目には4000句を、1684年におこなった3度目にはなんと2万3500句を、24時間ぶっとおしでよんでみせました。4秒間に1句という驚くべき想像力です。西鶴は、これを最後に俳諧をやめました。というのも、その2年前に『好色一代男』というはじめての小説を発表し、好評だったからです。
「ここには、浮世（この世）がみごとに写しだされている」
　西鶴のこの小説は、のちに「浮世草子」とよばれるようになり、おりからの矢数俳諧の名声も手つだって、町人たちのあい

だに爆発的に売れていきました。
　西鶴は、それからの11年間に、たくさんの作品を書きました。自由な構想、奇ばつな描写、俳諧でみがかれた文体は、たいへんわかりやすいうえに新鮮で、登場人物は、みんないきいきしていました。
　作品は大きく3つにわけられます。『好色一代男』をはじめ『好色五人女』『好色一代女』など、好色物といわれる作品群。『武道伝来記』や『武家義理物語』など武士の義理と人情や仇討ちなどをあつかった武家物。『日本永代蔵』や『世間胸算用』など町人たちのくらしぶりを描いた町人物です。
　とくに町人物にすぐれた作品がおおいといわれるのは、やはり西鶴が町人の出で、町人の生活をよく知っていたからでしょう。その写実的な手法は、庶民文学の創始者として、近代文学に大きな影響を与えています。

徳川綱吉 (1646—1709)

徳川綱吉は、江戸幕府の第5代の将軍です。1646年に3代将軍家光の4男として生まれ、上野国（群馬県）館林25万石の城主をつとめたのち、34歳で、兄の第4代将軍家綱のあとをついで将軍の位につきました。

江戸城へ入った綱吉は、まず、家綱時代に権力をふるっていた大老をしりぞけて、幕府の政治を将軍の手にとりもどし、さらに、心のゆるんでいる大名、旗本、代官たちをきびしくとりしまり、乱れていた幕府をたてなおしました。

いっぽう、幼いころから儒学を学んできた綱吉は、江戸の上野忍ヶ岡にあった孔子をまつる聖堂を湯島へ移し、そのなかに学問所を開いて、広く学問をしょう励しました。人間の道徳を教える儒学を広めて社会のちつじょを正し、幕府の政治が、だれにもさからわれずにゆきわたることを願ったのです。

将軍が江戸に学問所を開いたことで、大名たちも、各藩ごとに藩校をつくって、武士や、武士の子どもたちの教育に力を入れるようになり、そのごの江戸時代の学問の発展に、大きなえいきょうをあたえました。

綱吉は、このほか、不正代官をとりしまり、また、武士にも町人にも農民にも親孝行をすすめ、将軍の位についた初めのころは、すぐれた政治をおこなう将軍としてたたえられました。

しかし、40歳をすぎたころから、側用人の柳沢吉保らに政治をまかせるようになると、せっかくたてなおした幕府の政治を、ふたたび乱してしまいました。その、失敗した政治の第一にあげられるのが、1687年にうちだした「生類憐みの令」です。

　この「生類憐みの令」をだしたのは、儒学を深く学んだ綱吉に生きものをあわれむ心があったからだとも、あとつぎの子をさずけてもらう祈願のためだったとも、いわれています。「たとえ野良犬でも、傷つけたり殺したりしたものは厳罰をあたえ、打ち首にもする」と言いわたしたのですから、たまりません。町の人びとは、綱吉を「犬公方」と呼んでにくむようになってしまいました。そのうえ幕府は、寺院の建造などにおおくの金を使い、金がなくなると質の悪い貨へいをたくさんつくったため、国のけいざいも乱れてしまいました。
　ところが、いっぽうで、この綱吉の時代には元禄文化の花が開きました。貴族たちのぜいたくな暮らしが大きな原因になって、上方（関西）や江戸を中心に商業が盛んになり、そのおかげで、俳諧、浄瑠璃、歌舞伎など、町人の文化が栄えたのです。
　赤穂浪士が吉良邸に討ち入ったのも、この時代のことでした。

尾形光琳 (1658—1716)

　江戸時代の中期、町人文化が栄えた元禄期を代表する画家尾形光琳は、1658年京都の高級呉服屋として知られる雁金屋の次男に生まれました。当時、家はたいへんな金持ちでしたから、光琳はなに不自由なく育てられました。父は趣味のゆたかな人で、光琳はその感化をうけて、はやくから能を舞い、絵を学びました。しかし、最初から画家になる気はなく、本格的に絵の勉強をはじめたのは、20歳をすぎてからでした。

　まず、狩野探幽の弟子の山本素軒に習いましたが、狩野派のかたくるしい画法に満足できず、のびのびした線や色をつかう土佐派の絵にひかれていきました。そのうちに、江戸初期の大画家俵屋宗達の絵を見て深く感動し、その絵を手本に勉強するようになりました。そして、しだいに工夫を加え、装飾的な明るくはなやかな独特の画風を生みだしていきました。

　ところが、1697年ごろ、雁金屋の勢いがなくなってきました。大名たちに貸した金がとれなかったり、日ごろのぜいたくが過ぎたからです。光琳はやむなく、絵を売って生活することにしました。やがて、画家としての名声も高まり、1701年には当時画家として最高の名誉である、法橋の位を受けました。また、豪商中村内蔵助の援助を受けてますます活躍しましたが、はでな性格はすこしもなおらず、生活は苦しくなるばかりです。そのうち画家としてのゆきづまりを感じるようになっていきました。

　1704年、光琳は江戸（東京）へ出ました。江戸には活気が満ちあふれていると聞いていたからです。しかし、期待はうらぎられました。江戸の文化はあらあらしく、光琳の肌にあいません。

おまけに大名づかえの生活にはかなりの束ばくがありました。
「私の生命は、あと10年がせいぜいだ。1日も早く京都へ帰って、気のむくまま、自由に絵筆を遊ばせたい」

1709年、51歳の光琳は、逃げるように江戸を出て、京都へもどりました。そして、数かずの名作を残し58歳で他界しました。

光琳は、生涯に実におおくの絵をかきました。そのなかで最高の名作といわれるのは、草花をあつかった屏風絵です。とくに『紅白梅図屏風』や『燕子花図屏風』は、傑作中の傑作といわれています。蒔絵にも名品をのこし『八橋蒔絵硯箱』が有名です。光琳の画風は、酒井抱一に受けつがれ「光琳派」と呼んで、日本画の大きな流れのひとつに数えられています。家系によって受けついできた狩野派や土佐派に対し、自主的に画風を受けついできた流派です。光琳の弟乾山もすぐれた陶芸家で、元禄時代の芸術家兄弟としても知られています。

大石良雄 (1659—1703)

　大石良雄、通称内蔵助は、赤穂義士の指導者として有名です。
　1701年3月、江戸城内の松の廊下で、良雄の主君赤穂（兵庫県）城主浅野長矩が、幕府につかえる吉良義央に、とつぜん切りかかりました。なぜこの事件がおきたのか明らかではありませんが、わいろをおくってこないことを根にもった義央が、大勢の前で長矩に恥をかかせたためだといわれています。
　事件を聞いた将軍綱吉はたいへん怒り、長矩に切腹を命じ、浅野家をとりつぶし、赤穂の城も領地もとりあげるというきびしい裁きをくだしました。
　「城あけわたしなどさせるものか。幕府の兵がきたら、戦っていさぎよく城を枕に死ぬまでだ」
　赤穂の武士たちはいきりたちました。将軍の裁きがあまりにも一方的で、義央にはなんのとがめもなかったからです。
　「幕府とたたかうのはよくない。罪もない農民や町人にめいわくをかけるばかりだ。それより、城をおだやかにあけわたして、浅野家のとりつぶしだけは許してくれるようたのんでみよう」
　こういって藩士たちをおさえたのが、家老の大石良雄でした。
　良雄は、赤穂藩の家老の家に生まれましたが、父が早く亡くなったため、18歳のとき祖父のあとをつぎ、20歳で家老になりました。山鹿素行に軍学を、伊藤仁斎からは儒学を学んで、りっぱな家老として諸国に知られていました。事件がおきたときは、良雄が42歳のときでした。藩士たちは、良雄の意見にしたがい、赤穂の城をあけわたしました。
　しばらくして、良雄は京都の近くの山科に移りました。そして、

浅野家をふたたびおこしてくれるようあらゆる手づるをつかって幕府にたのみました。しかし、将軍綱吉の怒りはとけません。
「もはやこれまで。吉良を討って、うらみをはらす他はない」
しかし良雄は、動きをうかがう吉良のスパイたちに、あだうちする気はないと思わせておかなくてはなりません。毎日はでに遊びまわって世間の目をごまかしながら、ひそかに同志と連絡をとり、機会をまちました。1702年9月、同志に江戸行きを命じて、自分も山科を立ちました。そして苦労して吉良邸のようすをさぐり、やっとしっかりした計画ができあがりました。
12月14日夜、良雄を先頭に46名の赤穂浪士は、2隊にわかれて吉良邸をおそい、義央の首をうちとりました。しかし、法を破った良雄たちは、翌年の2月に切腹を命じられ、生涯をとじました。そのなきがらは、主君と同じ江戸高輪の泉岳寺にほうむられています。

紀伊国屋文左衛門 (1665—1734)

　17世紀から18世紀にかけて、産業がさかんになるにつれて、商業が大きく発展し、大商人といわれる人たちが各地に現われました。紀伊国屋文左衛門も、そのころに活躍した豪商のひとりです。

　文左衛門がいつどこで生まれ、どのように育ち、いつ江戸に出てきたのかほとんどわかっていません。しかし、文左衛門の隆盛のきっかけとなったといわれるミカン船の話は有名です。

　ある年の暮れ、海の荒れる日がつづいて、紀州から江戸へわたる船がでませんでした。そのため、紀州のミカンは値が下がり、反対に江戸ではどんどん値上がりしてゆきました。

　この機会をのがさず、すぐ行動したのが文左衛門です。紀州のミカンをできるだけ安く買い集めると、船いっぱいにつみこみました。そして、大金を出して船のりをやとい、荒れくるう海にのりだしました。命がけで江戸へ着くと、待ちかまえていた商人たちによってミカンの値はつりあげられ、たちまちのうちに売りつくされました。文左衛門は、もうけたお金でこんどは、塩ザケを買いこみました。そして関西に運んで大きな利益をあげたのです。

　この話は、事実かどうかわかりませんが、大金を手にした文左衛門は、1687年江戸の八丁堀で材木問屋をはじめました。そのころの江戸は「火事とけんかは江戸の花」といわれたほど火事がおおく、しばしば大火にみまわれました。火事のあとは、焼けた家を建てなおす材木が必要です。ここに目をつけた文左衛門は、大火があると、まだ火が消えないうちに江戸を立って

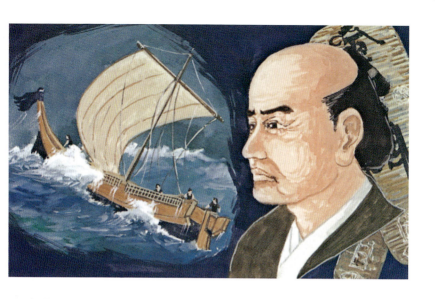

木曾にむかいました。そして、大量の材木を買いしめると、焼け野原となった江戸へ材木の山を送りこんだのです。もちろん材木は、とぶように売れました。

　そのご文左衛門は、将軍綱吉のお気に入りの老中柳沢吉保にとりいり、材木御用達となって、幕府の建築用材を一手にひきうける身分になりました。1698年には、上野寛永寺の根本中堂の造営をうけおい、50万両をもうけるなど、巨富をつかんでいったのです。しかし、そのうち文左衛門の浪費がはげしくなり、豆まきの豆のかわりに小粒金をまいたり、遊里吉原や芝居などにお金を湯水のように使うようになりました。

　やがて、政治に新井白石が現われ、役人と商人の不正取りひきをきびしく取りしまるようになりました。文左衛門はみるみる落ちぶれ、家屋敷も売りはらい、晩年はみじめなくらしに追いやられ、いつどこで死んだのかよくわかっていません。

大岡忠相 (1677—1751)

　大岡越前守という奉行が、胸のすくような裁判をして、弱い者をたすける「大岡さばき」の話は、いまでもテレビドラマをはじめ講談、落語、演劇などでしたしまれています。
　その大岡越前守は、名を忠相といい、1677年、徳川の旗本の家に生まれましたが、10歳のころ、親るいの大岡忠真の養子となりました。25歳で養父のあとをつぎ、幕府の役人になった忠相は、まじめなうえに有能でしたから、とんとん拍子に昇進していきました。
　35歳のとき忠相は、伊勢神宮の事務や、伊勢（三重県）山田でおこった事件の裁判をおこなう山田奉行を命じられました。当時山田では、長い間となりの松坂と境界のことでもめていました。これを正当に裁判すれば、とうぜん山田側の勝ちになるものを、松坂が徳川御三家のひとつである紀州藩の領地であることから、これまでの山田奉行はこの争いをうやむやにしていたのです。そのため、奉行のかわり目ごとに必ず訴しょうがおこっていました。それに対し忠相は、当然のことを当然におこなうという勇気をもって処理しました。忠相の公正な判決は評判になり、それが紀州藩主徳川吉宗の耳にも入りました。
　やがて、吉宗が8代将軍にむかえられると、かねてから忠相の人物に感心していた吉宗は、忠相を江戸町奉行につけました。
　忠相は、この江戸町奉行を20年近くつとめました。このときの有名な「大岡さばき」の話は、ほとんどが作り話です。しかし、忠相が名裁判官だったことは事実で、人情をよく理解し才知にとんだ公正な裁判をおこなったと思われます。また、司

法改革にも力を入れ、連座制といって重い罪をおかした者の親子、兄弟、親るいまで罰せられた制度をゆるめたり、証拠のある重罪のばあいのほかは、ごう問を禁じるなどの改革に重要な役割を演じました。

忠相は、裁判ばかりでなく、将軍吉宗の片うでとなって数かずのりっぱな仕事を残しています。

青木昆陽のサツマイモ栽ばいのきっかけは、忠相がつくったもので、ききんのとき、たいへん役に立ちました。また、江戸の消防のしくみをつくったのも忠相です。「いろは47組」とよばれ、各地域に専門の消防組をおいたり、飛火を防ぐためにあき地をもうけたり、江戸名物の火事にそなえました。

59歳になった忠相は、寺社奉行になり、やがて三河（愛知県）に1万石の領地をあたえられ、大名に列せられました。

吉宗の死から半年ご、74歳の忠相もしずかに世を去りました。

「読書の手びき」

本居宣長

『古事記』は、神代から推古天皇までの皇統を明らかにすることを主目的にして712年に完成された、日本最古の歴史書です。神話や伝説をまじえて書かれ、虚構が少なくありません。しかし、古代の日本人のものの考えかたや生活のようすを知るには、貴重な歴史書です。日本の古代と古典の研究をめざした本居宣長は、『源氏物語』『万葉集』『古今和歌集』『伊勢物語』などを研究したのち、さいごは『古事記』の研究にとりくみました。そして、44巻の注釈書をまとめあげて、日本の国学を盛んにしました。この国学が、やがて、皇室を敬う尊王精神の高揚へと発展していったのです。宣長が『古事記伝』で『古事記』の虚構の部分を殆ど批判しなかったことには問題があります。でも、日本人の精神をさぐろうとしたことには純粋なものがあり、その心のうちは、随筆集『玉勝間』などに表われています。90種260余巻の著書を残した宣長は、まさに日本最高の国学者のひとりです。

杉田玄白

オランダ語によって西洋の学術、科学、文化を研究する学問のことを、蘭学といいました。この蘭学は、江戸時代の中期に、幕府8代将軍徳川吉宗が鎖国時代にもかかわらず蘭学書の輸入を解禁してから急に盛んになり、国を閉じていた日本の医学や天文学や暦学などの発展にはかりしれない影響を与えました。中国から渡ってきたものを中心にしていた、それまでの日本の学問に、新しい光を発見させたのです。杉田玄白は、幸いに、その光の中に生きて『解体新書』を著わすことができました。しかし、成功までの労苦は筆舌につくしがたいものでした。私たちは、そこに先駆者たちの偉大さを感じます。玄白は『解体新書』の完成によって日本の医学の進歩に力をつくしましたが、ほんとうの功績は、日本人に、西洋に